JN417906

창조문학대표시인선 · 262

아침을 여는 소리

조 성 복 시집

창조문학사

□ 시인의 말

인연

어느 무덥던 어느 날,
양수리 언저리 작은 카페에서 흐린 창밖을 하염없이 바라보며
상념에 젖어 있었다.

무더위에 지친 심신을 교외로 나와, 잠시라도 풀어주는 여유가 필요했으리라.

오전 내내 추적추적 내리던 비가 걷히고, 오후의 강가엔 물안개가 피어오르고 있었다.
정적을 누르고 있는 내게, 다가온 차 한 잔이 따스함을 선물했다.

이렇게 숨 조이던 무더운 여름은 갔다.
하늘하늘 흔들리며, 몸짓하는 코스모스의 계절이 눈앞에 왔을 땐
난 이미 캘리그라피와 POP연습으로 분주 할 때였다.
이때 우연히 내게 다가오신 인연, 작가 선생님을 만난 건 이때였다.
옆 건물에서 문예반 수강생을 지도하고 계셨기에 연락처를 알 수 있었고

난 늘 작가 꿈을 꾸었기에 다가 갈 수 있었다.

"반갑습니다."

선생님께서는 환한 표정과, 중후함으로 오셔서,

몸에 배인 듯한 친절함으로 환대해 주셨다.

몸 둘 바를 모르고 있는 나의 손을 잡아 주신 분, 칭찬과 용기를 북돋아 주시고

움츠리고 있던 내게 부표가 되어 나의 길을 찾아 주신 분,

그날 느꼈던 희열과 환희는 평생을 잊을 수 없을 것이다.

한여울 문학회 대표 자운紫云 한화덕 선생님과의 인연은 필연이었나 보다.

그 동안 빛도 보지 못하고 쌓아 놓았던 글들이, 활기를 찾기 시작했고

나는 선배 문우들과 함께 작가라는 명칭을 얻게 되었다.

"준비된 자에게 기회가 주어진다 했다."

이제 시작이다.

선생님의 제자로 부끄럽지 않은 작가가 되리라.

앞으로도 우린 함께 가야 할 필연 관계이기 때문이다.

- 백련산, 푸른 솔향기 아래

조성복

아침을 여는 소리

조성복 시집

| 차 례 |

2부 바람의 언덕

3부 네모 밖의 세상

4부 사랑의 미학

5부 노을 지는 언덕

아침을 여는 소리

조성복 시집

6부 아픈 청춘

1부 여정

이슬 머금은 붓꽃으로 다가가 활처럼 휘어진 잎새
한 가닥 한 가닥 명주천으로 닦겠습니다

이런 여인이고 싶습니다

풀벌레 우는 깊은 밤에
잠 못 이루는 그리움을
한 편의 시로 승화 시킵니다

이른 아침이 오면
소리 없이 스며들었던
이슬 머금은 붓꽃으로 다가가

활처럼 휘어진 잎 새
한 가닥 한 가닥
명주 천으로 닦겠습니다

기쁨이 충만한 날엔
세상에서 가장 기쁜 표정으로
웃겠습니다

슬픔이 몰려와
눈물주머니를 건드리는 날이면
가장 슬픈 표정으로 울겠습니다

살포시 감아 내린 눈썹엔 겸허와
고개 숙여 세운 콧날엔 도도함으로

엷게 미소 짓는 붉은 입술엔
사랑을 듬뿍 물겠습니다

가을

참 좋다

스치는 작은 바람에도
하늘거리는 잎새가 좋고

채색이 짙어지는 꽃잎에도
난 흔들린다.

너도나도 상념에 정신 잃고
잔잔한 흔들림에 서걱거리는 맘

달랠 길 없는 중년도 좋고
높고 푸른 하늘을 볼 수 있어 더 좋다

오늘은 북한산
둘레길을 걸을까?

따사로운 돌담 밑 작은 고양이들의
움직임도 보고 싶고

고추잠자리 하늘하늘
날개 짓도 보고 싶다

그냥
오늘은 그냥 그러고 싶다

간이역

수국 한 줌 꺾어 유리병에 꽂혀있는
간이역 쉼터에서

무심히 바라본
창밖의 풍경은

화려한 옷을 입고 춤추는 코스모스의
몸놀림이 아름답다

꽃 기차 기다리며 이리저리 뛰는
맑은 눈을 가진 아이들의 세상도 아름답다

보따리 주섬주섬 머리에 이고
개찰구를 나가는 할머니의 뒷모습엔
노을이 보인다

평행선으로 늘어진 철로
바라만 보고 있어야 하는 숙명 때문에

힘없이
하늘만 쳐다 본다

전역을 출발했다는 전광판이 켜지고
힘겨운 이별을 하는 철로가 슬프다

여름장마

숨이 턱이 차고
습함이 말초신경까지 건드리던
장마가 기승을 부리고 있다

모든 에너지가 습기와 함께 고갈되고
정지된 듯한 이 느낌은 뭐지?
잠시 쉬어가라는 신호인 것 같다

이 장마가 끝나면 입추가 코앞이고
난 다시
무언가를 찾아 나서겠지?

어제부터인가 그랬다
나의 심장을 옥죄이는 무언가에
쫓기고 있다는 걸

그 답을 찾기 위해 무던히도 애썼다
이제야 알았다
나는 나인걸 인정 못하는 걸

누구보다 뒤처지는 게 싫었고
남들에게 잊혀지는 게 싫었다

쉬엄쉬엄이 용납이 안됐던 시간들이었다

이 무더운 장마가
이런 나를 잡는다
쉬어 가라고...

여정1 - 당신이었으면 좋겠습니다

아침에 눈을 뜰 때
보이는 첫 사람이
당신이었으면 좋겠습니다

아침 햇살에 드리우는 창가에
이슬 머금는 들꽃 한 아름
유리병에 꽂아 놓고

국화 향기 그윽한
차를 준비하고

날아드는 낙엽에 손 편지를 써
클립에 꽂아 걸어 놓고
두고두고 보았음 좋겠습니다

고즈넉한
저녁시간을 함께하고
따뜻하고 온유하고

진심 어린 눈빛을 주고받는
하루였음 좋겠습니다

여정2 - 치악산

치악산 끝자락에
살고 싶다

찬 이슬 내린 아침이면
참새 떼 지어 날아들고

낮은 담장 밑
코스모스 울타리 되어
잠자리 너울 춤추는 그곳

갈대 꺾어 처마에 매달고
들녘 저편에서
아지랑이 피어오르는 곳

오랜 벗 잊지 않고 찾아들고
연잎 차 고이 달궈
이야기꽃 피울 수 있는 곳

스산한 바람소리도 좋다
낙엽 소리 서걱거려도 좋다

밤 짐승 으르렁거리며

적막을 깨도 좋다

남은 여정이 여유로 다가와
자연과 벗 삼아 살고 싶다

여정3 - 페루 콘도르 유적지에서

잠시
일상을 접고 떠나고 싶다

가슴 터지게 보고 싶었던
"티티카카"에 여정을 풀고

때 묻지 않은
콘도르 유적지를 걷고

수정같이 맑은 물
한 움큼 손에 쥐고

아무런 사심도 없이
맨발로 거닐고 싶다

정수리를 쏘아보는
햇살도 그대로 담아오고

태양신에게
말 하리라
다음 생에선
이곳에서 태어나겠노라고

여정4 - 포르투칼 여행

바다 냄새 물씬 풍기는
지중해를 찾아 나선다

노오란 건물이 후리지아를 뿌려 놓은 듯
온통 노란색이다

리스본, 아주 작은 도시에
여정을 풀고

트램에 까치발을 세우고
양팔을 벌리고 걷는다

은은하게 내려앉은 어둠의 골목 카페
로제 와인에 취해도 보고

투박한 파두를 들으며
그들을 느낀다

중년

그 남자가 운다

담배연기 뿌연
와인빠의 한 귀퉁이에서

잿빛 도시의 하루가
버거웠으리라

정년을 하루 앞둔
두려움 일수도

홀로된 사랑의
아련함 때문일까

덧없는 유수 같은 세월에
반칙을 쓸 수 없는

몸의 아둔함이 서러울 수도
스피커에선 "Adagio"가 깔리고

다시
남자의 어깨가 들썩인다

종이꽃

저는
어느 고운님의 손길로 태어난 종이꽃입니다

화려한 꽃으로 태어나
많은 사랑은 받았지만

피지도 지지도 못하는
슬픔이 있습니다

제게 간절한 소원 한 가지
생명을 주옵소서

제 뜻대로 피어
화려함을 뽐낼 수 있게 하시고

온 세상을
향기로 매혹하게 하소서

저는
피지도 지지도 못하는 종이꽃이랍니다

함께 가는 길

깊은 밤
길목에서
새벽을 기다리다

으스름 밝아오는
새벽에
길을 찾습니다

바람과 빛의
사이에서

이 길이 내 길인가

함께 바라보는 그곳

그 길을
선택 했습니다

벼

태양을 먹고살지요

쪽빛 하늘 바라보며
내 한 몸 살찌우는 연습을 해요

배고픈 참새들의 잔칫날
상차림이 되어주고

외로운 철새의
안식처도 되어주고요

내가 가장 아끼는 친구 허수아비의 어깨도
어루만져 주면서 나를 살찌우지요

찬 서리 내려
가을빛에 힘없이 스러져도

내 한 몸 살찌워 누군가를 위해
최선의 삶을 살았노라 고백 합니다

오뚝이

감사의 습관이
나를 오늘도 웃게 한다

맨땅에 머리 조아리면서
감사하지 않았다면

오뚝이처럼
일어설 수 있었을까

누군가가 무심히 지나치면서
"툭" 건넨 손끝에서

누군가의 혀끝에 날카로운 비수가
"툭" 새어 나와 박힐 때도

감사하고 감사했다
그래서 지금도 웃는다

기도

수능 보는 날
혼돈이 엄습한 하루였다

지푸라기라도 잡는 심정으로
간절한 마음으로 정성 실어 기도하고

행여 그르칠까
말도 발걸음도 조심스러웠다

온몸이 말초신경
곤두세워 긴장 한다

뱃속의 깊은 곳부터
올라오는 간절한 울림

혹여 실수하도라도
그동안 노력한 마음을

다치지 않게 해달라고
기도 한다

푸른 제복 I

아침을 알리는 환한 햇살이
창문을 두드리니

창문을 열어 화답하는 사이
따스한 바람에 함께 들어오는 아들의 냄새

양팔을 벌려 그 바람을 다 안으려 했지만
만져지지 않아 안타까워라

좀만 더 안아 줄걸
좀만 더 바라 볼 걸

만질 수 없는 느낄 수 없는
그리움에 눈물만 그렁그렁 하네

엄마의 치마폭에 살다가
더 큰 엄마의 품으로 간 든든한 아들

매일매일 무사 건강 축원하는
엄마의 기도하는 손

푸른 제복 II

꿈인가 생시인가
성큼 다가와
덥석 안는 가슴

검게 그을린 피부와
거칠어진 손이
그동안의 노고가 느껴 진다

제법 남자가 되어
나타난 아들

어깨에 그려진 짝대기 두 개
씨익 웃는 어색한 미소

검은 군화가 제법 어울리는
대한의 아들 내 아들!

아침을 여는 소리

전율이 오감을 자극하고
'나나무스꾸리'의 음성이
온몸을 감싸 안는다

짙은 커피 향에 실려 온 속삭임
내 생의 부표 같은 사람의
고운 숨결이 전해진다

커피포트의 물 끓는 소리
뿜어져 밀려 나오는 수증기
전기밥솥의 요란한 소리

살아 꿈틀대는
일상이 전해주는
행복한 아침

이 모든 것들이 예쁘게 살았노라는 알림소리
오늘을 준 고마운 선물들

겨울나기

제법 찬 기운이 돈다
창으로 스미는 바람이 차다

윙윙 바람 소리가 창밖을 맴돌고
낙엽은 서로 엉켜 서로를 위로 한다

문을 박차고 들어오는 '막내딸'
한달음에 들어와 이불을 휘 감는다

이리 뒹굴 저리 뒹굴
아직은 초겨울의 바람이 익숙지 않나 보다

묵혀 둔 털실을 찾아내고
대바늘을 찾아 목도리를 뜨기 시작했다

모두가 피곤해 곯아떨어진 고요한 잠
털실 뜨는 엄마의 손길이 분주하다

낼 아침은 따뜻한 목도리로
감싸 줘야겠다

새벽을 여는 사람들

시내 한복판에 서 있다

부슬부슬 내리는
겨울을 재촉하는 비

라이트를 켜고
질주하는 자동차를

새벽을 알리는
부지런한 환경미화원

오토바이에
키보다 높은 짐을 실은 배달원

인쇄된 신문 덩이를
시간 늦을 새라 달리는 트럭

농촌의 땀으로 일궈낸
탑처럼 쌓여 있는 배추 실은 차

빗속을
눈 속을

바람 속을 헤치며
삶과 투쟁하는 사람들

여심

바람이 불어야
흔적을 남기듯

고요한 풍경도
바람이 불어야 소리를 내고

유유히 흐르는 구름도 잎새 들도
바람 없인 흔들림도 없으니

고개를 들어 하늘을 보아야
찬란한 빛을 경험하고

기쁠 때 환하게 웃어야
여심의 마음을 볼 수 있으니

보일 듯이 보일 듯이
감추어진 향기

바람과 함께 실어
여심의 마음 보여주리라

2부 바람의 언덕

나를 만지지 마세요　　따스한 손길이라 말하지 말아요

봄은 이렇게 오나 보다

아련함의 기지개를 켜듯
움츠렸던 내 몸의 뼈들을 맞 춘다

강한 바람의 기억은
저 편으로 가나 보다

하늘빛이 청아하고
화려한 색들이 반란을 일으킨다

만개한 봄날의 기적들은
나를 세상 밖으로 끄집어내고

내 가슴속에 가득 찼던
꿈들의 조각들이

하나씩 일어나면서
퍼즐을 맞추고 있다

목단화

그대
뉘신가요

긴 햇살과 함께 오셔서
선홍 빛 고운 자태 뽐내시고

고운 숨결 또한
느끼게 하시네요

오고 가는 걸음걸음
멈추게 하시고

소담스런 마음마음
담아 주시니

내게 있는 환한 미소를
모두 드리렵니다

그대 뉘신가요

긴 햇살과 함께 오셔서　　고운 숨결 느끼게 하시네요

여름 장마

미풍이 홀연히 불던 어느 날
화려함으로 덧입고 살던 내 삶은

어느 날 먹구름이 몰려와
한바탕 소용돌이쳐

여름 장마가 할퀴고 간 내 뜰엔
봄날의 그리움만 남았습니다

내겐 한순간의 날갯짓이었나 봅니다
약속하기 짝이 없는 빗물은

입가에 스미는데
내 혀끝엔 쓰디쓴 기억만 남았습니다

동백섬

아직은 이른 봄날
칼바람이 옷 속을
스멀스멀 밀며 들어온다

해풍으로 다져진 바위섬엔
높은 파도의 노래를 들으며
붉은 잎을 틔운다

아름다운 붉은 동백섬은
내 안에서 태어나
내 품에서 꽃피운 동백

아주 작은 가슴으로
웅크리고 기다리다
꿈틀하며 깨어난다

새봄을 알리는 전령사
아름다운 꽃 피는 동백섬에서
봄이 오는 소리가 들린다

국화차

노오란 꽃으로 태어나
양지바른 울타리에 고고하게 앉아

꿀 나르는 벌 친구 삼아
하늘바라기 몇 개월

비가 오면 오는 대로
바람 불면 부는 대로

미풍에 성숙해진
향기 품으며 몇 개월

바싹 움츠린 나의 몸
이제 시집가는 날

투명 잔에 비추인 노오란 내 살색
새신랑과의 입맞춤

해바라기

고개 들어 하늘을 보세요
해님이 그대를 기다리고 있어요

바라보지만 마세요
예쁜 사랑이 그대를 기다리고 있어요

사랑한다 말하세요
그래야 그대의 맘을 알 수 있어요

그리고 다가가세요
바라만 보는 것은 놓치고 후회할 뿐이니까요

해보지도 않고
언제까지 바라만 볼 건가요

시간이 없어요
곧 계절이 바뀔 테니까요

고개를 들어 하늘을 보세요
해님이 그대를 기다리고 있어요

여인

맑은 달
곧 오시겠네

조석으로 시원한 바람 일고
흰 구름 하늘 가득 하니

풍요로움으로
가득 하리라

맑고 둥근달 만나면
말 하리

품위 있고 격조 높게
살고 싶었노라고

부드러운 깃털 품은
방석에 앉아

내 생애 다 하는 그날까지
청량한 마음 품으며

그리
살고 싶노라고

작은 꽃

울타리 밑둥이 꽃 중의 작은 꽃
아무도 바라봐 주지 않아도

초연의 자태 흔들림 없이
언제나 그 자리

누군 기다리나?
그리움 가득한 얼굴로

초연의 자태 흔들림 없이
언제나 그 자리

솔솔 부는 바람 내게 다가와
속삭이듯 나를 흔들면

빨간 꽃잎 파르르 흔들리고
살포시 내려온 노랑나비

긴 기다림의
꽃잎과의 입맞춤

목련

겨우내 굳게 닫혔던
얼음의 창을 깨고

하얀 솜털 옷 입고
봄소식 전하는 계절의 여왕

고운 빛 화려한 겉옷 훌훌 벗고
속살 드러내는 하얀 님

초록 잎 보다 먼저 피어나
하얀 꽃잎 터트리고

아롱아롱 눈부신 아침햇살 아래
기지개를 펴는 봄날의 기적

쌍계사 가는 길

꽃비 내리는
하동에 봄이 오면

물씬 풍기는
섬진강의 냄새가 신선하다

땅 끝부디 물 오른 싸리 꽃향기와
쏘아 내리는 햇살과

은 빛으로 고요하게 흐르는
이 곳에선

훈풍에 돛 달고
떠 다니는 쪽 배가 여유롭다

화개의 꽃길로 이어진
십 리 벚 꽃길의 향기가

바람결에 날려서
양팔 벌려 나를 환영 한다

한 때 뜨거웠던 삶의 열정을

여기서 식히리라

아! 바람결에 날려 오는
꽃 비 냄새

고운 숨결 고이 간직하며
이 곳에 여운을 두리라

오월

차곡히 줄 서 있는
나무계단

하늘을 덮은 신록을 머리에 이고
고른 숨을 쉰다

하루 하루 쌓였던 정체성 잃은
숨을 토하며 쉰다

어디서부터 시작된 향기 일까
코 끝을 찌르는 아카시아 향기

살랑살랑 바람 일어 꽃비 흠뻑 내리니
온 산이 하얗게 젖는다

사색을 즐기는 방랑자
여기가 무릉도원인가

향에 듬뿍 취해
오던 길 돌아갈 줄 모른다

눈의 나라

손끝으로 매달린
하얀 눈꽃들의 결정체

조각 조각 수정 같은 맑은 얼굴을 하고
겨우 문을 두드린다

나뭇가지 끝에 돌돌 말려있던
잎새들의 몸부림도 기죽어

가을의 끝자락을
홀연히 보낸다

이제는 눈의 세상
하늘에선 눈 꽃이 흐드러져

살랑살랑 춤추듯 나리고
나무도 하얗게 옷을 입는다

이 땅의 연(緣)들도 티끌 하나 없이
하얀 눈으로 이불을 덮는다

월광곡

달빛 차오른 강 언덕에
날갯짓하며 휘젓는 새 한 마리

너울너울
날갯짓의 떨림이 가련하다

비상을 꿈꾸는 걸까
사랑을 찾아가는 걸까

긴 다리의 움직임이
강가를 배회한다

달빛에 비추인 날개를
하얗게 피우고

성큼성큼 다가서는
두 마리의 학들의 몸짓

까만 밤을 하얗게 수놓은
달빛 소나타

눈이 내린 후

어제 내린 눈이
비가 되어 내린다

눈 녹아 내리는
2월의 청계산 자락에서

난 보았다

아직은 이른 봄이라며
움추려 있는 진달래 꽃망울을

난 느꼈다

얼음골 하얗게 둔덕 이루고
능선 구부러져

날아 오르는 듯한
청계의 얼굴 좌청룡의 기상을

굽이굽이 이어온
청계의 역사 뒤안 길에 서서

난 원한다

사월의 훈풍이
모두에게 다가가

산허리 얼음띠 두른 마음들이
모두가 꽃 피우기를

백두산 가는 길

키가 커서 구름 위로 올라간 머리
태양을 모자로 쓰고

한반도를 한눈에 내려다보니
가깝지만 먼 길을 돌아 왔노라

내 몸의 한 귀퉁이가 잘려나가
너희를 한 몸으로 안아주지 못함이 서럽노라

여정을 이국땅에 풀게 하고
어찌 서럽지 아니하겠느냐

빽빽이 선 자작나무
숲길 따라 달려온 길

그래도 언 땅이 녹아내려
삐죽삐죽 올라온 새 생명들

키 작은 노오란 야생화만이
너희를 반기노라

봄바람

봄 바람
네가 몰고 온 작은 흔들림

꿈길이라 생각하고 눈 감고
걸어 볼까

송알 송알 맺힌
꽃들의 봄나들이

봄 바람
네가 몰고 온 그윽한 꽃향기 맡으며 걷는다

아장 아장 걷는
아기들의 작은 가슴에도

햇살 눈 부신 여울목 언저리에
솜 털 방울 방울 움트는 버들 강아지도

졸졸 흐르는 개여울의
작은 청둥 오리떼들도

봄 맞이로
살랑 살랑 흔들린다

억새풀

달도 별도 숨어버린
비 오는 하늘 공원

은색 머리 풀어 헤쳐
바람과 맞서는 억새풀

하늘도 슬피 우는 밤
고약한 바람 몰려와

한강 줄기 흔들어 대고
억새풀 가득한 언덕 흔들어 대니

돌아서는 가을을 눈물로 붙잡는
억새풀의 힘겨운 사투

겨울 꽃

차디찬 숨을 쉬며
언 땅을 헤치고 나온 겨울 꽃

그 빛이 너무 찬란해서
영롱하게 비치던 햇빛마저
굴절되어 비껴가고

잎새 마다 찬 얼음 물고
긴긴 겨울 추워 어이 하나

땅 끝에서부터 물고 온 고운 색채는
눈이 부시게
아름답기만 한데

아직은 이른 봄
겨울은 가려면 멀기만 하고

어차피 한 철 인생인데
이리도 험한 길
누굴 위해 왔는가

3부 네모 밖의 세상

여기가 무릉도원인가
사색을 즐기는 방랑자 돌아갈 줄 모르네

네모 밖의 세상

내 귀는 네 개 입니다
다른 이들보다 많이 들을 수 있죠

가만히 눈을 감으면
봄이 오는 소리가 들려요

겨우내 얼었던 계곡의 물들이
졸졸졸 깨어나는 소리도 들리고요

움찔움찔 새싹이
기지개 켜는 소리랑

꽃망울 터지는
소리도 들려요

귀는 네 개 입은 하나라
들은 만큼 말은 다 할 수 없지만

예쁘고 부드러운 소리는
들은 만큼 표현할 수 있어요

엄마의 정원

곱게 핀 주홍빛 한련화
앉은뱅이 꽃 노랑 채송화

예쁜 옷 곱게 차려입고
어딜 가시려나

온화하고 따듯한 꿈결 같은
엄마의 품 같은 정원엔

8월의 뜨거운 햇살
듬뿍 머금어 물오른 새색시

사부작 사부작 고운 걸음으로
엄마의 향기 전해주네

겨울을 재촉 하는 비

형형색색의 고운 옷을
입고 있으니

시커먼 구름이 나를
시샘하나 봅니다

빛깔 고운 옷으로 많은 사람들의
사랑을 한 몸으로 받으니

많은 비까지 몰고 와
제 옷을 벗기려 하네요

바람이 불어 내 노랑 옷이
한 풀 한 풀 벗겨지고 있어요

빨강 옷도 송이송이 엮은 구슬 목걸이도
모두 빼앗으려 하네요

시간이 흘러 눈꽃이 나리면
희디흰 색 옷으로 다시 입혀 주려나 봅니다

팔랑개비

바람 불어 좋은 날
제가 춤을 출 수 있는 날입니다

바람이 불면
빙글빙글 도는 내 몸을 보는

초롱초롱한 아이의 눈에서
기쁨이 보입니다

뛰어다니는 아이의 고운 숨결도 느껴지고

내 가느다란 다리를 꼭 잡은
아이의 작은 손의 보드라움이 느껴지죠

천진스러운 아이들의 함박웃음소리 또한
내게 천사의 소리입니다

분수

눈이 부시게
푸르른 어느 날

솟아 치는 물줄기
하늘 가득 차오르면

알알이 부서지는 물안개
파란 창공에 가득하고

풍선 잡은 어린아이
물방울 잡느라 이리 뛰고 저리 뛰고

아이의 추억 한 줌
물방울에 실어 둥실 떠오르면

벅찬 가슴 희망 안고
살포시 두 눈을 감아 본다

정상

얼마만큼 날아올라야
눈 맞춤을 할까

얼마만큼 거슬러야
맞닿을 수 있을까

손으로 하늘을 가리면
끝을 볼 수 있을까

하늘이 맞닿은 그 곳
가슴의 열정 안고 가는 곳

야구

홈런!!!!!!!!

홈그라운드엔 1루에서 시작된 도루
홈으로의 질주가 분주하다

관중석은 하늘이 내려 앉을 듯
함성이 하늘은 뚫고

치어리더들의 현란한 몸동작은
멈출 줄 모른다

9회 말의 만루 홈런
짜릿한 전율과 함께하는 라이트

열광의 도가니 코리아 시리즈의 밤은
하얗게 깊어간다

압록강은 흐른다

은빛 햇살 물살을 가르는
손빨래 하는 아낙네들과

한 손으로 마중하는 가녀린 손
내 아들 같은 북쪽의 어린 소년

푸른 제복에 걸친 총대와
군데군데 초소마다 바라보는 까만 눈동자들

길은 지척에 있으나
마음은 억 만리에 있으니

그들이 소망하는 단 한 가지는
유유히 흐르는 압록강에 몸 실어

자유의 땅 밟는 그날이
두 눈동자에 비친 간절한 소망

지금도 압록강은 말없이 흐른다

서리꽃

찬 서리 하얗게 내려앉은 계곡
가지가지마다 서리꽃 활짝 피었네

능선마다 흐드러진
눈꽃들의 축제는 분주한데

밤새 찬 서리 내려와
스러져 엉킨 갈대 한 줌 어이하나

못 다 핀 수국의 절규
하얀 눈썹이 된 강아지풀

가을을 보내야 하는
아린 이별의 입맞춤

추울수록 아름다운 겨울 꽃
서리꽃의 반란

자유로운 영혼

어느 화가가 조망한 것은
무엇이었을까?

농익은 여인의 향기가
물씬 묻어나는

화선지의 여백을 메우기까지
혼을 불살랐을 것을

뭉크와 피카소의 걸작을
조망한 건 아니지만

잔잔한 일상의
여백을 메웠을 수고로움

흐트러진 백발 쓸어 넘기며
담배 연기 그윽한 희 뿌연 빛 사이로

붓의 손놀림의 끼 부리며
혼을 불살랐을 것을

시 낭송

눈 감으면 들려오는
낭랑한 그 목소리

연륜과 중후함으로
관중을 압도하고

힘과 노련함의 곡선으로 부드럽게 전개된
시의 몸체를 격상 시키는

수정 같은 맑은 음색
수려함의 결정체

궁의 아침 하늘

겨울이 재촉하는
비 온 뒤 궁의 하늘이 보고 싶어 찾은 곳

도심 한가운데
고요 속에 침묵하고 있는 궁

발을 들여놓은 순간
피톤치드의 향이 코끝을 자극하고

바람과 함께 온 찬 비 때문에
나무들은 발이 시리다 시리다

떨어져 뒹구는 제 옷으로
발등을 덮었구나

나는 바라본다
창경궁의 아침 하늘을

눈이 부시게 파랗다
눈을 감아도 부시다

그래서 눈물이 난다

귀로 보는 세상

굿 모닝요^^
아침 인사를 하면
웃으며 화답하는 사이버 세상

누가 먼저 인양
세상에 존재하는
모든 음악을 공유하고

우리만의 공간에서의
커피를 주고
향을 받으며

아침 날씨를 알려주고
비 모닝 인사를 주고받는
뮤직 기상청

굿 밤요^^
잘 자요^^
굿 나잇^^

이모티콘의 하루도
함께 마무리하는 밤

와이파이 사랑 - 다 문화

내게 다가온 사랑의 불씨
파란 눈을 가진 아름다운 그녀

지구 반대편에서 날아온 사랑
다가서지 못하는 아쉬움에

하염없이 흐르는 내 눈물
그리움의 눈물이 바다 되어

보고 싶은 그대 있는 곳에
머물렀으면 좋으련만

노을 지는 서녘 하늘 바라보며
내 사랑 머문 그곳에

와이파이에 내 심장 실어
꽃바람에 날려 보내리

철새

겨울 하늘빛이 차다
어디서 왔을까
얼마를 온 걸까

무리 지어 날아가는 철새들
훨훨 비행하는 날갯짓이
바람을 가른다

따뜻한 나라의 품으로 가겠지
가다 가다 힘들어도
뒤돌아보지 말고

쪽빛 하늘
멋지게 수놓으며
잘 가

10월의 어느 멋진 날에

색소폰이 흐느낀다
10월의 어느 멋진 날에

추적추적 빗소리에
음률은 리듬을 타고

테너 색소폰의
연주자 어깨가 흔들린다

때도 없이 찾아오는
이별 같은 사랑이 두려운 걸까

서리서리 내린
한숨의 멜로디가

슬픈 영화가 되어
두 뺨을 적신다

10월의 어느 멋진 날에

성화

지중해의 바람을 타고
백의 천사들의 터전까지

한달음에 뛰어오신
붉은 꽃이여

젊은 피들의 땀과 노력을
아름다움으로 승화 시키고

백색 황색 검은빛의
피부색이 어우러져
손에 손을 잡은 친구들

누구에겐 환희를
누구에겐 눈물을 주는
그래도 우리는 의좋은 친구

꺼지지 않는 붉은 꽃으로 피어
최후의 그날까지 영원하리라

성묘

안개꽃 한 다발

아른아른 하늘빛에
영롱하게 빛이 나고

흐드러지는 작은 송이들
바람결에 날아갈 듯 흔들릴 때

너울너울 호랑나비
머리맡에 머물고

하늘나라 먼저 가신 님 위해
축원 기도하는 작은 손

창밖의 세상

버스 차창밖에
비가 내린다

아이의 미소 위로
창은 순수함이 묻어난다

버스가 아파트 앞에 멈췄다
할머니의 눈가 위로 빗물이 고인다

버스가 병원 앞을 지난다
회색빛 마음들이 보인다

내 안의 창은 버스의 창이 그려내는
빗물이 흐르는 창이다

거울 속의 나

네 안의 내가 있다
거울 안의 풍경화들

만질 수 없어도
느낄 수 없어도

나 웃으면 따라 웃고 춤을 추면 따라 추는
너는 나의 분신

내가 가슴에 올린 손
네가 알아주고

내가 너를 바라봐 주니
우리는 막역한 사이

부모는 자식의 거울이라 했던가
빛이 반사되니 함께 눈이 부신다

동행

마른 가지 위로 날아와 앉은
작은 새 한 마리

새벽녘 으스름 달빛에
길을 잃었나

별도 기울어 찾을 길 없는데
늘 가던 길

잠시 쉬어 가려니
다시 초행길

둥근 해 떠오르고
구름이 기지개 켜면

구름 흐르는 곳으로
묻어 가리

네가 가는 길이
내 길인양

바다

은빛 바다 한 가운데
우뚝 선 등대

어린 아이의 꿈길 따라
하나하나 오르던 계단

구름과 맞닿은 끝에서
내려다본 바다의 세상

태양을 송두리째 삼켜버린 그곳
청어 떼 지어 춤추는 그곳

눈을 감아도 눈부신 그곳
살아 움직이는 생명체들의 고향

순결하고 장엄한
하나님의 선물

홍시와 까치

똑 똑 똑
두드리는 빗방울

노래하는 까치
오늘은 무슨 소식 안고 오셨나요

내 아픔 이겨가며 맺은 열매 다 빨린 젖줄
휘청거리는 마른 가지들

붉게 익어가는 여린 얼굴에 찾아온
까치들의 슬픈 소식

나는 네게 양식을 주고
너는 내게 기쁨을 주는

우리는 함께 가야 할 상생관계

매의 눈

먹이를 찾아 지붕 위를 돌고 있는
매 한 마리

마당을 가로질러
빙빙 맴돌고 있다

곧게 뻗은 날개가 비상하기에
아주 우월하다

올려다 본 나를 겨냥 한 걸까
앙칼지게 노려보는 매의 눈이 섬찟하다

자신의 상대가 아니라는 걸
알았나 보다

어느새 하늘을 가로질러
날아 올라간다

수탉

동녘에 기운 듬뿍 받아
붉은 해 머리에 이시고

우렁찬 목소리로 새벽을 호령하시니
벼슬의 위상 드높아라

싸리나무 단장에 우뚝 선
날개 품에 감춰진 앙칼진 발톱이여

지는 서녘에 눈부신 깃털과
위풍당당한 붉은 벼슬로 오신이여

4부 사랑의 미학

사랑.. 너에게 하고 싶은 말

아버지

명절 앞둔 이때쯤이면
영원히 부재중이신 아버지가 생각난다

내 영혼이 혼탁하여
의지할 곳 없어 헤맬 때도

찔레꽃 하얗게
언덕 골짜기 물들일 때도

겨울 군고구마 장수
입김 불며 두발 동동질 할 때도

무엇이 그리 급하셨을까

헝클어진 머리카락
손가락으로 빗어 주시며

한 올 한 올 떨어진 머리카락
아까워 주워 담으시던

거울 앞에선 딸 넘겨보시며
예쁘다 예쁘다 허허 웃으시던

해 질 녘 귀가하는 딸
이제나저제나 골목 끝에 마중하시던

주고 또 주고 그래도 못다 한 사랑
못내 아쉬워

천 길 땅속 함께 못 가는
딸에게 손 내미셨던

당신은 내게 첫사랑이며
마지막 사랑이십니다

아버지의 빈 의자
어이하나 어이하나
이 시리던 가슴을

촛불 - 아가페 사랑

사랑이 아파서 웁니다
내게 주어진 시한부 사랑

겨울을 재촉하는 비 오는 밤
춥고 외로운 당신에게 불꽃이 되어서

당신이 머문 자리에 빛이 되어
고운 숨결 함께 느끼며 이 밤을 태우 렵니다

내 뼈마디와 영혼
모두 녹아내리는 아픔이

당신에게 충만한 사랑으로 머물러
행복할 수 있다면

그리 하겠습니다
당신의 행복을 위해서

노년의 사랑 - 프라토닉 사랑

내 나이 몇인가
잃어버린 세월

어느 날 중후함으로
내게 다가온 사랑

콩다콩다
가슴 뛰게 하는 사람

피 끓는 젊은 날의 사랑
식어지면 그만인 걸

소소한 삶의 일상
영혼 실어 나누고

젊은 날 이루지 못한 사랑
아쉬움만 가득한데

밤하늘에 사연 담아
빛나는 별로 남으리

답쟁이 - 에로스 사랑

곱게 비추인 찬이슬 머금은 아침
산들바람과 함께 춤추듯 나풀대는 여인이여

이 밤도 굴곡진 당신의 몸에 얼굴을 묻고
부비며 엉킨 물오른 사랑

애틋하고 절절한 사랑 부러워
가던 길 멈추고 바라보는 나그네

이 가을 추억 속에 묻힌다 해도
알알이 맺힌 사랑의 열매는 남으리

아픈 손가락

수화기 건너편에서 들려오는
낯익은 목소리

잠시 모든 짐을 내려놓고 싶노라
울음 삼킨 목소리

아픈 손가락 때문에 지친 상처들
위로받고 싶노라

다시 가라 하면 못 간다는
세월의 절규들

벼랑 끝에 선 여인의 가슴에
번져있는 별들

그중 하나의 별
오늘도 기도하는 아픈 손가락

그리움

귀뚜라미 울음소리
정적을 깨는 고요한 밤

은은한 빛으로 내려온 달빛
나뭇가지 끝에 머물 때

붓을 돌리던
손끝의 감각으로

술잔을 기울이는
어느 노 화가의 밤

기억 저편의 여인
그리움으로 몰려와

밀리지도 다가오지도 않는
그리움의 곡조를 읊나니

가을의 곡조가 애달파라
영월의 밤 하늘이여

꿈속의 사랑

어젯밤 꿈에 별이 내려와
귓가에 속삭이네요

달콤한 음성이 내게 들려요
그리웠노라고

아침을 여는 새들의 노래가
아직은 이른 잠에서 깨우네요

아쉬움의 여운만 남긴 채
눈을 떴어요

오늘만큼은 미워지는
새들의 노래

흐르는 강물에 따라 보낸
나뭇잎처럼

꿈속의 사랑은
허무하게 끝이 났어요

미운 새들의 노래가 여는
이 아침에

외기러기 사랑

그립다 말을 할까
사랑한다 말을 할까

허공에 가득한
주옥같은 사연들

외기러기의 정처 없는
고단한 날갯짓 안에 숨은

몰래 간직한
나만의 사랑

숱한 사연 속에
응어리져

속절없이 떠도는 외기러기의
허공 속 외침

창

늘 편안히 바라볼 수 있는
당신이 좋습니다

햇살이 허락 없이 들어와도
말없이 받아주는 당신이 좋습니다

빗방울이 시끄럽게 창을 두드려대도
말없이 들어주는 당신이 좋습니다

바람이 변덕을 부리며 흔들어대도
좋은 인연으로 함께 가자

따스한 손길로 잡아주는
당신이 좋습니다

맏딸

내게 처음으로
엄마라 불러 준 아이

내게
옹알이로 귀를 열어주고

첫 걸음마로
심장을 뛰게 한 아이

분신이 되어 주고
사랑을 꽃 피우게 하고

고통을 함께 나누게 하고
헌신을 가르쳐 준 아이

누군가를 위해
간절히 기도하게 하고

한없이 겸허하게
고개 숙이게 하고

줌으로써 행복을

깨닫게 한 아이

벌써 내 딸의 나이 서른 고개
엄마의 길을 걸어갈 아이

고개 들어 하늘을 보세요
그리고
사랑한다 말하세요

오빠생각

가을볕에 하얗게
몸 드러낸 목화솜

부드럽고 포근해
꼭 엄마 품 같아서

뭉게구름 타고 올라가
하늘에 뿌렸더니

하늘나라 간 우리 오빠
엄마 냄새 그리웠나

목화솜에 폭 싸여서
돌아올 줄 모르네

선인장

나를 만지지 마세요
따스한 손길이라 말하지 말아요

내게 가까이 마세요
달콤한 향이라 말하지 말아요

입술을 보이지 말아요
함께 할 수 없음이 서러워요

그대 품에 안길 수 없다면
당신 속에 내가 살 수 없다면

오늘은 그냥
지나치세요

5부 노을 지는 언덕

강 건너 가신 님
보고 싶어라 만지고 싶어라
할머니의 따스한 손

가버린 친구

길이 멀어 못 오나
골이 깊어 못 오나

저 언덕 넘어 가물가물
흔적 없는 친구여

안개 꽃 하얗게
푸른 하늘로 흐드러져 올라갈 때

함께 가버린 그림자
세월의 둔덕 너무 높아

허물지 못함이 아쉬워라
보고 싶은 친구여

인어공주

가슴에 숨이 받쳐
물을 박차고 올라오니

은빛 물보라 무지개 띄워
무지개다리 건너간 지상

햇빛에 드리워진
피부 숨기려

찾아간 바위 그늘에서
해는 뉘엿뉘엿 꼬리를 감추고

파도 소리 음률 되어
쏟아지는 별들의 노래가

사랑의 기다림으로 목마르던 내게
단비처럼 찾아왔어라

다시는 물거품이 되고 싶지 않아
여인이고 싶어라

바람에게 전하는 말

힘이 없어 흔들리는 것이 아닙니다
나약해서 떨어져 뒹구는 것이 아닙니다

다만 변화하는 삶의 기로에 서서
순응을 배웁니다

회려한 꽃으로 있을 땐
온 세상에 향기를 뿌렸고

청록의 몸으로 있을 땐
그 뜨겁던 팔월의 태양을

몸으로 안았습니다
알알이 성숙되어 붉어진

열매로 태어난 지금
이제는 작별을 고하네요

힘이 없어 나약해서가 아닙니다
그저 변화에 순응하는 것뿐입니다

잠 못 드는 밤

이러다
까만 밤 하얗게 지새우겠네

창문을 할퀴듯 흔들어 대는
사나운 바람 소리가

고요함의 적막을 깨고
귓전에 맴도는 밤

이유를 알 수 없는 속은
상념으로 가득하여라

고뇌가 고개를 내밀며
갸우뚱 올라오고

부서진 기억의 조각들은
정처 없이 떠도는데

눈을 감으면
다시 맑아지는

내 영혼들은
잠을 이룰 줄 모르네

황혼

지상에서 꿈꿔왔던
아름다운 여행

어느새 하늘과 맞닿은 자리
멍한 눈망울 뒤돌아보지만

돌이보면 어쩌리
긴긴 아쉬움에 몰아쳐 오는 탄식

황혼이 아름다운 건
젊은 날의 추억이 있어서여라

붉은 잎새가 초록을 안 듯
밤이 낮을 살며시 안 듯

세월의 쳇바퀴 돌기를 거듭하는
기우는 달빛의 품에 안길 수밖에

백일홍

뒤뜰
할머니가 심어 놓으신

송이송이 몽우리 진
붉은 꽃 노란 꽃

아련한 할머니의 추억 떠오르는
단아하고 아름다운 애잔함이 남는 꽃

당신의 영혼 송두리째
쏟아부으셔서 키우신 백일홍

한 여름 불볕더위 이겨가며
고운 빛 품어 내더니

석양빛에 잠드신 숨결
고스란히 느끼게 하는 할머니 꽃이 피었네

화려한 빛으로
내게 다가온 너
스치는 바람에도 작은 떨림으로 내게 안긴 너

인생 – 생존해 계신 위안부 할머니를 위한 노래

허덕 허덕
영혼이 숨가빠 달려온 길

숨길 다듬고 돌이켜 보니
청춘 간데없어라

거울 바라보니
백옥 같이 고왔던 피부 간데없고

하얀 눈 내려와 앉은 듯
백발 성성하니

검고 많던 머리칼도
간 곳 없어라

하늘 바라보며
시련 많았던 아득한 길

피 맺힌
한 많은 설움

세월 속에 묻고

또 가야하나

스러져 뒹구는
내 지친 영혼

가이 없어라
가이 없어라

아버지의 빈자리

노을 진 언덕에 올라서서
서녘 하늘 바라보니

목메는 그리움에
해 지는 줄 모르고

등지고 떠나신 님
야속하기 그지없어라

찌르르 풀벌레 소리
소식 전 하려나

나뭇잎에 사연 실어
소식 전 하려나

저 하늘의 별똥별 하나
내게 떨어져

만나고픈 간절한 내 소원
이루어졌으면

해후

가랑비가 하염없이 내리는
이런 우울 한 날엔

앞서 가신 부모님 생각에
목이 메인다

어느새 우리가 그 자리에 섰고
가신 님들의 고단함이 느껴질 때면

더욱 생각 난다
그땐 왜 몰랐을까

가는 이 오는 이 운명처럼 돌지만
허덕허덕 돌기를 거듭하기엔

우리 인생이 너무
허무하지 않은가

그러나 해 기우는 노을빛
너무 서러워 말자

남은 인생 아름다움으로
승화 시키면 그만인 것을

망각의 세월

"너는 누구세요?"

하얀 빛 고운 머릿결을
은비녀로 쪽 지어 올리신 할머니

백열등 하나 희미한데
어두운 발 아랫목에서

늘 쪼그리고 앉으셔서
한 땀 한 땀 당신 저고리 지어 입으시고

남은 쪼가리 천으로
인형 옷 지어 입히셨던 할머니

당신 손으로 키우신 손녀딸
좋아라 좋아라 함께 웃으셨던 님

어느새 삶의 세파에 노예가 되셨나
모든 기억 지우개로 지우시고

눈물로 얼룩진 한 많던 세월
다 잊으시고 강 건너 흘러가신 님

보고 싶어라
만지고 싶어라
할머니의 따스한 손

세월의 강

고사리 손 다 키워내신
거룩한 인생

이제는 내 인생 찾아
떠나갈 차례

어쩌다 천 길 땅속 들어가 헤매다
귀도 잃고 빛도 잃은 서러움

목엔 나이테 칭칭 두르고
가슴엔 주렁주렁 맺힌 멍에

구멍 난 텅 빈 가슴엔
찬 서리만 가득 하구나

아름답던 미소는 어데 갔나
낭랑한 그 목소리는 어데 갔나

가엾어라
가엾어라

고송

세월의 시름 한 몸에 안으시고
고결하게 우리에게 오셔서

흔들리지 않는 중후함으로
맘 갈 곳 없는 이들의 쉼터가 되어 주고

모진 비바람에도
흔들리지 않으시고

세월의 노련함으로
짙은 향 피어올라 고고함이 더하니

시간이 흐르고 계절이 바뀌어도
푸른 빛 푸른 향으로 늘 그 자리

밤하늘의 별이 내려와
앉은 그 순간에도

푸른 빛 푸른 향 영원하네

건배

다 버리고 나니
이리 좋은 걸~

그 무거운 걸 바들바들 붙잡고
짊어지고 머리에 이고

놓치면 큰일 나는 것처럼
그리 살았네

버린 걸 잃은 양 착각하며 채찍질 하며
가슴 한 켠을 쓸어내린 아픈 시간들

떨어져 뒹구는 잎새도
홀연히 연기되어 사라지고

아스라이 묻힐
지나간 시간들을 위하여

우리네 인생도 연기되어
눈물 속에 묻힐 것을

겨울나무

그래 훌훌 털자
끌어안고 가면 무엇 하리

나풀대며 매달리는 마지막 잎새
끌어안고 가면 무엇 하리

백세 천세 누리지도 못할 인연
미련 없이 털어 버리자

곧 함박눈이 내리면
두툼한 흰옷을 입을 터인데

지저분해진 땅의 잎새 모두 덮을
하얀 나라로 가자

눈을 감아도 눈부신
하얀 나라로 가자

은행나무

알알이 꽉 찬 열매로
내 품으로 들어와

햇살 가득 사랑 주며
품어낸 모성

알알이 맺힌 사랑
바람결에 스러지고

더 깊이 주지 못한 아쉬움에
가을 날의 전설 되어

서리 꽃 필 무렵
메아리 되어진 사랑

진주

푸른 바다 흰 파도가
아무리 흔들어 대도

모래 속에 꽁꽁 숨은 조개
숨죽이고 숨바꼭질하네

기다림으로 지루한
잉태 시간

조개 안에 품은 뜻
어찌 흔들리리

하얗게 속 살 익어
물 위로 나오는 날

물거품 일며 드러나는
은빛의 결정체

세월

어이 하나
이 시리디 시린 가슴을

아무리 품어도 품어지지 않는
휘몰이 바람처럼

가슴만 후비다
날아 가버린 바람 같은 세월

은색 머리칼만 엉켜 붙어
세월의 뒤안길 돌아보게 하는

가고파도 갈 수 없는
아픈 세월아

할미꽃 언덕

양지바른 산기슭 무덤가에
보라 빛 털옷을 입고

수줍어 고개 숙인
털보숭이 할미꽃

오랜만에 찾은 밤 동산
어린 시절의 추억이 묻힌 곳

지하의 내 어머니 아버지
환하게 반겨 주시니 눈물겨워라

햇빛은 산허리를 내려 쪼이고
사월의 연둣빛 녹음이 신선할 때

보랏빛 고개 숙인 할미꽃
내 어머니 닮은 할미꽃

6부 아픈 청춘

이 길이 내 길인가
어디로 가야하나

고해

나는 되 뇌인다
가만히 들으니 그 말이 그 말이다

머릿속은 흐트러진 퍼즐 조각 같고
가슴은 뜨거운 몸살을 앓는다

마음의 평정 누리기가 참 힘들다
괜스레 죄 없는 하늘만 귀찮게 하고

그리곤 곧 후회한다
네 안의 나를 찾기 위한 고해는 계속되고

되 뇌이던 목소리는 내 마음의 현을 타고
어느새 진정으로 가고 있다

아픈 청춘

날개를 잃어
날지 못하고 방황할 때

우두커니 하늘만
바라볼 때가 있었네

땅거미 어스름 다가올 때면
고향집 떠 올리며 눈물만 흘렸네

곱게 물들었던 단풍도
겨울로 가는 길목으로 떠나고

마지막 잎새를 보면 나를 보는 듯 아팠고
서로를 바라보며 위로를 받고 싶었네

창공을 동경하며
미래를 꿈꾸었던 시절

내가 소원하는 건
사랑하는 가족과 함께 하는 것

흐트러진 퍼즐 조각을 찾아 헤매이다
가슴은 뜨거운 몸살을 앓는다

작품

사랑과 정성으로
지어진 이름

인고의 시간을 거쳐
고뇌로 이어 온 길

잉태부터 출산까지
떨리는 손으로 다듬어 낸다

전신의 혼을 담아
완성된 작품

그 의미가 무색하다
얼마를 다듬어야 더 빛이 날까

정성과 사랑의 손길로 거듭하고 거듭하여
완성된 열정의 결정체

혼술

한 해가 또 기운다
정신없이 앞만 보고 달려 온 길

뒤돌아 볼 새도 없이
바람처럼 휙 가버렸다

으스름 해질녘
처진 어깨로 지하철 계단을 내려온다

김이 모락모락 나는 오뎅 국물이
나를 유혹하는 시간

포장마차 한구석에 끼어 앉아
한잔 술에 기대어 나와 말한다

기댈 수 있는 친구가 있어서 좋구나

혼밥

찬밥에 물 말아 먹고
깍두기 한 사발 앞에 놓고는

밥 한술 떠서 목구멍으로 밀어 넣고
으적으적 소리만 나는 영혼 없는 식사시간

눈은 반이 감긴 채
열심히 밀어 넣는다

질도 양도 맛도 느끼지 못하는
의식 잃은 식사 시간

내게 효자는
엊그제 해장국 사오며 따라온 깍두기

애증의 자유

자유함이 도리질하니
꿈도 사랑도 간데없어라

내가 갈망 한 건
무엇이었나

파랑새가 되어 푸른 창공을
쉼 없이 날고 싶었으리라

푸른 노래 푸른 울음
소리 높여 부르고 싶었으리라

푸른 꿈 춤추듯이
저 하늘 높이 날려 보내고 싶었으리라

애증의 자유여
목마른 욕망이여

안식

나는 나무가 되렵니다
누구든 부족하여 실수하여도

언제든 다가와 쉴 수 있는
의자가 되렵니다

아프고 지쳐서
힘들어 쓰러져도

언제든 다가와 쉴 수 있는
그늘이 되렵니다

바람 속에서
티끌만 한 우리 인생

서로 안아주고 위로하며
함께 가야 하니까요

상처

나는
눈멀고 귀 닫았습니다

쪽빛 하늘 하도 그리워
보려 했지만 볼 수 없었습니다

추억 속에 그 빛을 기억하며
그냥 간직하렵니다

나는
눈멀고 귀 닫았습니다

흐르는 강줄기의 물소리가 하도 그리워
들으려 했지만 그 또한 안 들으렵니다

기억 저편 아득히 보이고 들리는
그 소리만 기억하렵니다

용서

관용을 한 움큼 손에 쥐고
다니면 어떨까

용서를 널브러진 그릇에
담아두면 어떨까

나를 죽이고 겸허하게
사랑과 포용을 준다면

저녁이 해를 안 듯
바다가 강물을 안 듯

엄마 품 같은 포용의 크기는
나의 마음을 무엇으로 비교할까

새 터민

처마 밑의 빈 둥지
금실로 한 가닥 한 가닥 엮어 만든 궁전

자유의 땅 홀로 내려와 누리려니
북에 두고 온 어미 아비 그리워라

막막한 그리움의
가슴 후벼 파는 긴긴밤을

별빛 달빛 친구 삼아
술 한 잔에 실어 버린 숱한 날들

따듯한 등에 피어오르는 불효
가깝고도 먼 나라 분단의 아픔

자유의 땅 금실로 만든 집
내 어미 내 아비 함께 살고파라

길 잃은 바다

한바탕 비바람에 소용돌이 일더니
부표도 등대도 길을 잃었다

아무것도 없는 망망대해에서
정처 없이 항해하는 배는

닻을 내리고 허망하다

해도 구름 속에 숨어 버린 날
아침만을 기다린다

구름이 걸친 잔잔해진 수평선은
물안개가 가득 찬 수채화로다

철 지난 모래밭에 쌓았던 사연들은
모두 지운 채 또 다른 길을 찾아 나선다

살과의 전쟁

줄 서 있는 거실 바닥의
체중계들

오늘도 변덕스런 주인
기다린다

매일 흔들리는
지조 없는 저울 바늘

못 미더운 저울 바늘 보기 싫어
전자저울 사다놓고

지조 없는 저울숫자
흔들릴 때마다

나도 모르게
나오는 한숨

하루하루
숫자와 싸우는 전쟁

위로

토닥토닥

오늘 하루 어땠나요

어깨가 버거웠나요

기다림이 지루하진 않았나요

상실감에 잠은요

말하지 마세요

다 아니까요

노란 리본 꽃 _세월호

하늘도 울던 어느 날
피지도 못한 꽃들의 흔적

세월은 흘러 벌써 세 번째 겨울인데
옷 속을 파고드는 추위가

심장까지 얼게 하고
얼음조각이 박힌 폐부는

숨을 쉴 때마다 아프다

어이 하나
어이 하나

혹여나 잊힐까
영원히 피는 꽃 노란 리본 꽃

울림

누구에겐가
로망인 적이 있나요

삶을 지향해주는
멘토인 적은요

부표처럼 이정표 없이
표류하다

그냥
주저앉는 인생은 아니었는지요

바람 속에서 티끌만 한
우리 인생 일지라도

목표를 향한 도전은
해야 겠지요

희망

나락으로 한 없이
추락했던 날들도

부러진 날개를 찾기 위해
아파했던 날들도

아스라이 기억 저편에 선
고마운 날들

어느 날 갑자기 선물같이
찾아온 희망

누군가 내 문을 두드리는 희망의 노크와
나른했던 나를 일으켜 세우는 사랑의 메시지가

눈 뜬 아침을 눈부시게 만들고
오늘은 단비를 만나는 아름다운 날

□ 해설

성찰省察의 문門, 아침을 여는 소리

- 조성복 시인의 시집 『아침을 여는 소리』

한 화 덕
(시인 · 수필가 · 한여울문학 대표)

아침을 소리로 세상 문을 열고 하루를 시작하는 삶은 그 하루가 끝날 때까지 온전히 그의 삶이 된다.

삶을 보석으로 조각하는 사람이 여기에 있다. 시련과 인고의 모습을 원석原石으로 하여 사랑으로 엮어 삶을 다듬고 조각하는 시인 조성복 작가이다.

그의 첫 시집 「아침을 여는 소리」 발간을 축하하는 이 시간은 새해의 문을 열고 들어서 하루를 시작하는 빛의 여정이 만든 인연因緣의 시간이다.

인연因緣이란 사람과 사람 사이 놓여진 만남의 길이다. 그 길 따라 마음이 걸어가는 다리이다. 건너야 할 다리, 가고픈 다리를 가다보면 인연의 깊이를 느끼고 스스로를 감지한다. 조 시인이 나와 함께 인연의 길을 만들어 다리를 걸어감으로써 반가웁고, 고마운 만남이라 소중한 깊이를 느낀다.

그를 만남으로 넓은 해역의 바다 속에 진주를 채취하듯 진중하면서도 품격 있는 격조로 무게감에 변함이 없고 그 진중

함에 성실·추진력·온후한 덕성으로 인해 깊은 신뢰가 간다. 그래서 아름다운 만남이라 고맙다.

이제 그가 만들어 온 사람들과의 이야기를 시간 속으로 들어가 함께 조명하여본다.

길에서 쏟아내는 이야기는 그 길 위에 사랑도 있고 아픔도 있고 슬픔, 고뇌, 열정, 아버지의 손길, 엄마의 향수, 친구의 그릇, 보이지 않는 사랑, 나를 닮은 자연 대상물, 자식 열매, 인간이 가질 수 있는 모든 감정의 양상들이 제각기 색의 형상을 하고 그를 기다리고 있다. 때론 길에서 차창에 흘러내리는 빗물의 이슬을 소리 없는 눈물로 바라보며 목 놓아 우는 감성의 시인이기도 하다.

1. 소리로 하루의 문門을 열고 바람과 빛으로 삶을 조각하다

길 위에서 쏟아내는 이야기는 전체 6부로 구성하여

1부 여정	20편
2부 바람의 언덕	18편
3부 네모 밖의 세상	25편
4부 사랑의 미학	12편
5부 노을 지는 언덕	18편
6부 아픈 청춘	16편 으로

총 109편으로 이루어져 있다.

1부 여정

이른 아침이 오면

소리 없이 스며들었던
이슬 머금은 붓꽃으로 다가가

활처럼 휘어진 잎새
한 가닥 한 가닥
명주천으로 닦겠습니다

슬픔이 몰려와
눈물주머니를 건드리는 날이면
가장 슬픈 표정으로 울겠습니다

살포시 감아 내린 눈썹엔 겸허와
고개 숙여 세운 콧날엔 도도함으로

엷게 미소 짓는 붉은 입술엔
사랑을 듬뿍 물겠습니다

–「이런 여인이고 싶습니다」에서

마음에 그리움의 밤을 조 시인은 시로 노래한다. 삶을 소리 없이 이슬 머금은 붓꽃처럼 아름답게 열어놓는 작가는 감정이 충만하여 '겸허'와 '도도함'이라는 삶의 '방패와 창'으로 엷게 미소 짓는 붉은 입술과 콧날엔 사랑의 마음을 따뜻하게 지니는 자신에게 솔직하고 당당한 자존의 모습이다.

아침에 눈을 뜰 때
보이는 첫 사람이
당신이었으면 좋겠습니다

아침 햇살에 드리우는 창가에
이슬 머금는 들꽃 한 아름
유리병에 꽂아 놓고

국화 향기 그윽한
차를 준비하고

날아드는 낙엽에 손편지를 써
클립에 꽂아 걸어 놓고
두고두고 보았음 좋겠습니다

고즈넉한
저녁시간을 함께하고
따뜻하고 온유하고

진심 어린 눈빛을 주고받는
하루였음 좋겠습니다

「여정1- 당신이었으면 좋겠습니다」 전문

창가에 들꽃 한아름 유리병에 꽂아 놓고 국화향기 차, 낙엽의 손편지, 고즈넉한 온유의 저녁시간, 진심어린 눈빛을 기다리며 사는 삶의 갈구로 사랑의 간절함을 담은 시다.

가슴 터지게 보고 싶었던 "티티카카"에

때 묻지 않은 콘도르 유적지를 걷고

수정같이 맑은 물 한 움큼 손에 쥐고

맨발로 거닐고 싶다

정수리를 쏘아보는

햇살도 그대로 담아오고

태양신에게 말 하리라
다음 생에선 이곳에서 태어나겠노라고

-「여정3- 페루 콘도르 유적지」에서

조 시인이 말하는 장면이 연상되며 맨발로 걷는 투영된 모습이 상쾌하며 인상적이다. 삶을 정화하고자 하는 내면의 맑은 본성인 것이다.

그 남자가 운다
담배연기 뿌연 와인빠의 　한 귀퉁이에서
잿빛 도시의 하루가 　버거웠으리라
정년을 하루 앞둔 　두려움 일수도
홀로된 사랑의 　아련함 때문일까

스피커에선 "Adagio"가 깔리고
다시 남자의 어깨가 들썩인다

-「중년」에서

울음은 내면의 언어다. 소리 없는 항쟁이고 감정의 갈등양상의 극한 괴로움이다. 더 이상 물러설 곳 없는 스스로를 위한 양보의 발길이다.

남자가 울 때는 모성애와 연민의 정을 여인들은 느낀다고 한다.

여자가 울 때는 남자들은 어떤 심정으로 바라볼까.

"어깨 너머로 바라본 그 남자의 삶의 버거움, 그 여자의 가슴에도 'Adagio' 음악이 잿빛 도시의 하루 속에 빗물처럼 흘러내렸다."

저는 어느 고운 님의 손길로
화려한 꽃으로 태어나 많은 사랑은 받았지만
피지도 지지도 못하는 슬픔이 있습니다
제게 간절한 소원 한가지 제 뜻대로 피어
화려함을 뽐낼 수 있게 하시고
온 세상을 향기로 매혹하게 하소서

-「종이꽃」에서

스스로 피고 질 수 있는 자율성의 보장을 염원하며 응원하고 주장한다. 그리하여 세상에 향기로 매료시킬 수 있는 마력을 지닐 수 있기를 신화神話속의 여인이 되어 간절히 기원하는 신神께 올리는 거룩한 목소리다.

태양을 먹고살지요

쪽빛 하늘 바라보며
내 한 몸 살찌우는 연습을 해요

배고픈 참새들의 잔칫날 상차림이 되어주고
외로운 철새의 안식처도 되어주고요

내가 가장 아끼는 친구 허수아비의 어깨도
어루만져 주면서 나를 살찌우지요

찬 서리 내려
가을빛에 힘없이 스러져도

내 한 몸 살찌워 누군가를 위해
최선의 삶을 살았노라 고백합니다

-「벼」전문

'벼'의 의인화擬人化적인 시로 현실의 삶에서는 내가 살찌기 위함은 누군가를 위한 희생과 헌신의 삶으로 여기는 위안과 당위성이다.

아침을 알리는 환한 햇살이 창문을 두드리니
따스한 바람에 함께 들어오는 아들의 냄새
양팔을 벌려 그 바람을 다 안으려 했지만
만져지지 않아 안타까워라

만질 수 없는 느낄 수 없는 그리움에 눈물만 그렁그렁하네
더 큰 엄마의 품으로 간 든든한 아들

-「푸른 제복 I」에서

꿈인가 생시인가
성큼 다가와 덥석 안는 가슴
검게 그을린 피부와 거칠어진 손

제법 남자가 되어 나타난 아들
어깨에 그려진 짝대기 두 개
씨익 웃는 어색한 미소
검은 군화가 제법 어울리는

-「푸른 제복 II」에서

생의 앞길에 용기와 희망의 불빛 밝히며 함께 걸어가야 할 온 세상을 다주어도 아깝지 않은 믿음직하고 든든한 대한의 아들이다!!

전율이 오감을 자극하고
'나나무스꾸리'의 음성이

온몸을 감싸 안는다

짙은 커피향에 실려온 속삭임
내 생의 부표 같은 사람의
고운 숨결이 전해진다

커피포트의 물 끓는 소리
뿜어져 밀려 나오는 수증기
전기밥솥의 요란한 소리

살아 꿈틀대는
일상이 전해주는
행복한 아침

이 모는 것들이
예쁘게 살았노라는 알림소리
오늘을 준 고마운 선물들

-「아침을 여는 소리」 전문

아침이면 삶이 살아 꿈틀대는 소리의 악기들로 진동한다. 그 일상의 소리들로 아침을 여는 참 행복한 아침이다.

'당신은 참 예쁘게 살았습니다.'라는 알람소리의 언어도 듣고 그 소리로 다시 하루를 여는 마음에 선물로 세상의 문을 연다.

윙윙 바람 소리가 창밖을 맴돌고
낙엽은 서로 엉켜 서로를 위로한다

문을 박차고 들어오는 '막내딸'
한달음에 들어와 이불을 휘감는다

이리 뒹굴 저리 뒹굴
아직은 초겨울의 바람이 익숙지 않나 보다

묵혀 둔 털실을 찾아내고
대바늘을 찾아 목도리를 뜨기 시작했다

모두가 피곤해 곯아떨어진 고요한 잠
털실 뜨는 엄마의 손길이 분주하다

낼 아침은 따뜻한 목도리로
감싸줘야 겠다

-「겨울나기」에서

찬바람도 모성의 강인함을 이겨내지 못하는 짧은 겨울밤의 시간, 내일 아침 다시 사랑에 온정의 시간만이 기다려지는 가운데 낙엽이 서로 엉켜 서로를 위로하는 찰나의 순간도 영원하게 느껴지는 사랑, 따뜻한 모성의 시간이다.

2부 바람의 언덕

아련함의 기지개를 켜듯
움츠렸던 내 몸의 뼈들을 맞춘다

강한 바람의 기억은
저 편으로 가나 보다

하늘빛이 청아하고
화려한 색들이 반란을 일으킨다

만개한 봄날의 기적들은
나를 세상 밖으로 끄집어내고

-「봄은 이렇게 오나보다」에서

'아련함의 기지개를 켜고 움츠렸던 몸의 뼈들을 맞춘다'라는 감각적 시어와 함께 '봄날의 기적들을 세상 밖으로 끄집어내어 꿈들의 조각들로 일어나 퍼즐로 맞추는 시작의 봄으로 전진하는 춘신春信의 기운이다.

그대
뉘신가요

긴 햇살과 함께 오셔서
선홍 빛 고운 자태 뽐내시고

고운 숨결 또한
느끼게 하시네요

오고 가는 걸음걸음
멈추게 하시고

소담스런 마음마음
담아 주시니

내게 있는 환한 미소를
모두 드리렵니다

-「목단화」 전문

「목단화」 시는 조 시인이 사물 바라보기(觀), 사물과 말하기(교감, 눈높이)이를 통해 생명의 육화肉化 되기를 한 자연과의 합일성合一成의 작품이다.

생명의 육화肉化 되기는 사물에 생동감을 부여하여 생명체의 에너지가 흐르도록 하는 연상작용聯想作用이다. 마치 우리 곁에 살아 숨 쉬는 소담스럽고 환한 미소의 향기 있는 너른 가슴의 여인처럼.

고개 들어 하늘을 보세요

바라보지만 마세요
예쁜 사랑이 그대를 기다리고 있어요

사랑한다 말하세요
그래야 그대의 맘을 알 수 있어요

해보지도 않고 언제까지 바라만 볼 건가요

시간이 없어요
곧 계절이 바뀔 테니까요

고개를 들어 하늘을 보세요
해님이 그대를 기다리고 있어요

-「해바라기」에서

안타까운 사랑, 후회하는 사랑이 되지 않도록 화자話者는 젊은이에게 끝없는 애정과 연민으로 다독이고 있다.

달빛 차오른 강 언덕에
날갯짓하며 휘젓는 새 한 마리

너울너울
날갯짓의 떨림이 가련하다

비상을 꿈꾸는 걸까

사랑을 찾아가는 걸까

달빛에 비추인 날개를
하얗게 피우고

성큼성큼 다가서는
두 마리의 학들의 몸짓

까만 밤을 하얗게 수놓은
달빛 소나타

- 「월광곡」에서

달빛 조명이 빛으로 내리는 무대 위에 날개짓하며 휘젓는 한 마리 새, 어느새 갈구하는 사랑 찾아 하얀 밤을 지새우는 두 마리의 연정은 비상을 꿈꾸는 듯 사랑의 몸짓으로 달빛 소나타는 하얗게 빛으로 흐른다.

조 시인의 글이 지면위의 무대로 옮기는 상상력과 연상작용이 돋보이는 작품이다.

차디찬 숨을 쉬며
언 땅을 헤치고 나온 겨울 꽃

그 빛이 너무 찬란해서
영롱하게 비치던 햇빛마저
굴절되어 비껴가고

땅끝에서부터 물고 온 고운 색채는
눈이 부시게 아름답기만 한데

아직은 이른 봄
겨울은 가려면
멀기만 하고

어차피 한 철 인생인데
이리도 험한 길 누굴 위해 왔는가

-「겨울 꽃」에서

감각적 묘사가 사실적으로 디테일하게 살아있는 '삶의 여정의 꽃'으로 연緣마다 의미가 있다. 사물의 태어남의 의미, 이 땅에 온 생명의 의미를 되내이고 새겨본다. '이리도 험난한 길 누굴 위해 왔는가'라고 한 수 읊는다.

3부 네모 밖의 세상

3부는 마음의 창이 네모로 형성되어 있는 방이다. 조직과 구성력을 지닌, 네 개의 면을 지닌 4의 숫자의 방이다.

내 귀는 네 개 입니다

봄이 오는 소리가 들려요
꽃망울 터지는 소리도 들려요

귀는 네 개 입은 하나라
들은 만큼 말은 다 할 수 없지만

예쁘고 부드러운 소리는
들은 만큼 표현할 수 있어요

- 「네모 밖의 세상」에서

귀는 네 개 입은 하나라 들은 만큼 다 말을 할 수 없지만 예쁘고 부드러운 소리만큼 마음의 창窓을 소리로 전달하는 네모 밖의 세상이다.

곱게 핀 주홍빛 한련화
앉은뱅이 꽃 노랑 채송화

예쁜 옷 곱게 차려입고
어딜 가시려나

8월의 뜨거운 햇살
듬뿍 머금어 물오른 새색시

사부작 사부작 고운 걸음으로
엄마의 향기 전해주네

-「엄마의 정원」에서

주홍빛 곱게 차려입고 엄마의 향기, 엄마의 품 같은 걸음, 온화한 모습으로 사부작 사부작 발걸음 하며 땅을 디디고 자라나는 일련초로, 잎은 어머님의 건강한 여인의 모습과 함께 엄마의 정원에 사는 활기차고 고운 꽃의 묘사이다. 연꽃잎 잎맥 닮은 한련화이다.

눈 감으면 들려오는
낭낭한 그 목소리

연륜과 중후함으로
관중을 압도하고

힘과 노련함의 곡선으로 부드럽게 전개된
시의 몸체를 격상 시키는

수정 같은 맑은 음색
수려함의 결정체

－「시 낭송」 전문

조 시인의 가슴에 시의 문門이 열려있다. 마음의 울림의 소리를 맑은 영靈으로 듣는다.

시는 기억을 재생하는 추억의 노래이다. 그러기에 내면성의 울림을 주는 미학이다. 글로써 마음의 영상을 그림 그리듯 써 내려가는 회화성이고 소리로서 음률과 리듬으로 언어의 느낌과 감정을 전달하는 표현이다. 그 표현의 효과를 돕는 것이 시 낭송의 한 전달 방법이고 묘미가 있다.

자연물의 형상, 언어가 주는 내면의 의미를 심상心象으로 관觀하여 표현하는 삶의 길 위에 걷는 또 다른 나이기에 감정이 충만할 수밖에 없고 절제된 낭독이 아니라, 가슴으로 피어나는 낭송으로 '언어의 꽃향기'이다.

색소폰이 흐느낀다
10월의 어느 멋진 날에

추적추적 빗 소리에
음률은 리듬을 타고

테너 색소폰의
연주자 어깨가 흔들린다

서리서리 내린 한숨의 멜로디가
슬픈 영화가 되어 두 뺨을 적신다

-「10월의 어느 멋진 날에」에서

작가는 생각한다. 그 음악을 들으며 '이별 같은 사랑 때문일까' 두 어깨가 들썩이는 연주자의 모습에 감정이입 하며 연민감과 함께 상상한다. 누구에게나 빗줄기와 함께 영화의 한 장면 같은 주인공들의 이별의 순간을 그려본다. 색소폰이 흐느끼는 음악이 흐르는 아름다운 10월이다.

네 안의 내가 있다
만질 수 없어도 느낄 수 없어도
나 웃으면 따라 웃고

가슴에 올린 손 네가 알아주고
내가 너를 바라봐 주니 막역한 사이

빛이 반사되니 함께 눈이 부신다

-「거울 속의 나」에서

빛의 반사, 이분법으로 양분된 몸체이지만 영혼과 육신은 거울 앞에 서서 나눌 수 없는 분신임을 확인하는 순간이다.

마른 가지 위로 날아와 앉은
작은 새 한 마리

새벽녘 으스름 달 빛에
길을 잃었나

별도 기울어 찾을 길 없는데

둥근 해 떠 오르고
구름이 기지개 켜면

구름 흐르는 곳으로
묻어 가리

네가 가는 길이 내 길 인양

-「동행」에서

화자話者는 쉬고 있는 작은 새를 보고 새벽녘 길을 잃고 늘 가던 길 잠시 쉬어가려나 애민감으로 바라본다. 둥근 해 떠오르면 구름이 흐르는 곳으로 함께 가듯 내가 가는 길인 양 함께 다시 가는 삶의 반복된 일상의 마음으로 동행한다.

동녘에 기운 듬뿍 받아
붉은 해 머리에 이시고

우렁찬 목소리로 새벽을 호령하시니
벼슬의 위상 드높아라

지는 서녘에 눈부신 깃털과
위풍당당한 붉은 벼슬로 오신이여

- 「수탉」에서

이 시詩는 마치 삼국 신라시대 경주 계림鷄林(사적19호)의 숲에서 닭 우는 소리 우렁차게 들리는 듯하다.

신화神話에서의 닭의 울음소리의 의미는 밝음과 어둠의 경계를 넘어 빛의 도래를 예고하는 존재로 태양의 새를 상징하기도 한다. 신성한 인물, 제왕 출현(신라의 김씨 시조 / 김알지- 김알지의 7대손은 13대 미추왕이 됨)으로 서막의 탄생을 알리는 신성한 동물로 상징한다.

"동녘의 기운 받은 닭의 소임은, 벼슬의 위상이 드높은 위풍당당, 붉은 해 머리에 이신 붉은 벼슬로 오신이이다."

4부 사랑의 미학

내 영혼이 혼탁하여
의지할 곳 없어 헤맬 때도
찔레꽃 하얗게
물들일 때도

무엇이 그리 급하셨을까

헝클어진 머리카락
손가락으로 빗어 주시며
한올 한올 떨어진 머리카락
아까워 주워 담으시던

거울 앞에 선 딸 넘겨보시며
예쁘다, 예쁘다 허허 웃으시던

당신은 내게 첫사랑이며
마지막 사랑이십니다

- 「아버지」에서

화자話者는 영혼이 의지할 곳 없이 혼미해질 때도 찔레꽃 하얗게 물들 때에도 사부곡思父曲을 부른다. 거울 앞에 빗질 단장해 주시던 정겨운 부성애에 또 한 번 가슴으로 목 놓아 부른다. "무엇이 그리 급하셨나 / 당신은 내게 첫사랑이며 / 마지막 사랑이십니다" 아마 천 길 땅 속에서도 울리어 들으시고 봄의 꽃향기 찾아 찔레꽃 향기 다발 가득, 사랑하는 딸의 창가에, 바람의 향기로 전할 것이다.

사랑이 아파서 웁니다
내게 주어진 시한부 사랑

당신이 머문 자리에 빛이 되어
고운 숨결 함께 느끼며 이 밤을 태우렵니다

내 뼈마디와 영혼
모두 녹아내리는 아픔이

당신에게 충만한 사랑으로 머물러
행복할 수 있다면

-「촛불- 아가페 사랑」에서

내 나이 몇인가 잃어버린 세월
피 끓는 젊은 날의 사랑 식어지면 그만인 걸
소소한 삶의 일상 영혼 실어 나누고
젊은 날 이루지 못한 사랑 아쉬움만 가득한데
밤하늘에 빛나는 별로 남으리

- 「노년의 사랑- 프라토닉 사랑」에서

곱게 비추인 찬이슬 머금은 아침
산들바람과 함께 춤추듯 나풀대는 여인이여

이 밤도 굴곡진 당신의 몸에 얼굴을 묻고
부비며 엉킨 물오른 사랑

이 가을 추억 속에 묻힌다 해도

-「담쟁이- 에로스 사랑」에서

「촛불- 아가페 사랑」에서는 초는 타오르는 리듬 속에 사랑의 승화가 있다. "사랑이 아파서 운다 / 당신이 머문 자리 빛이 되어 / 당신에게 충만한 사랑으로 머물면서" 함께 공유하는 시간이다.「노년의 사랑- 프라토닉 사랑」에서 "젊은 날 잃어버린 세월이지만 / 아쉬움 열정은 밤하늘에 빛나는 별로 남으리" 그리하여 영혼은 흩날리는 비상으로 추억과 지나간 사랑을 소환한다. 또 하나의 회상의 세계 속에 하나로 느끼며 사랑은 받지 않아도 주는 것, 끝없이 보여주고 함께 하는 것, 아름다운 존재 자체가 지닌 사랑의 이름으로 오랜 시간 동안 가꾸어 온 사랑의 결정체인 것이다.

「담쟁이- 에로스 사랑」에서 "이 밤에 굴곡진 당신의 몸에 얼굴을 묻고 / 부비며 엉킨 물오른 사랑 / 이 가을이 추억 속에 묻힌다 해도" 바람에 날아가는 부엽초처럼, 허공에 뿌리는 눈물이 되어도 한 순간의 사랑스러움이 더디게 오는 시간이다.

늘 편안히 바라볼 수 있는
당신이 좋습니다

햇살이 허락 없이 들어와도
말없이 받아주는 당신이 좋습니다

빗방울이 시끄럽게 창을 두드려대도
말없이 들어주는 당신이 좋습니다

바람이 변덕을 부리며 흔들어대도
좋은 인연으로 함께 가자

따스한 손길로 잡아주는
당신이 좋습니다

– 「창」 전문

창窓은 내 마음 속 세상과 만나는 공간이다. 넓은 창 같은 그대가 있고 그대가 함께여서 좋은 그런 햇살 같은 행복하고 너른 창窓의 눈길이다. 편안하게 가슴에 스미는 시詩한 편을 감상한다. 창窓을 향해 '사랑'이라 말하는 세련된 세레나데이다.

시의 내포성은, 창窓은 그대 얼굴이고 그대 손길이다.

내게 처음으로 엄마라 불러 준 아이
내게 옹알이로 귀를 열어주고
첫 걸음마로 심장을 뛰게 한 아이
분신이 되어 주고 사랑을 꽃 피우게 하고
고통을 함께 나누게 하고 헌신을 가르쳐 준 아이
누군가를 위해 간절히 기도하게 하고
한없이 겸허하게 고개 숙이게 하고
줌으로써 행복을 깨닫게 한 아이

– 「맏딸」 에서

"내게 처음으로 엄마라 불러준 아이 / 첫 걸음마로 심장을 뛰게 한 아이 / 이제 서른 고개 넘어서 / 엄마의 길을 걸어가야 할 아이가 되었다" 이 글을 읽는 우리 모두가 어머니라면 읽는 순간 가슴이 뭉클해지는 공감의 글이다. 이 땅에 내편이 되어줄 확실한 조력자이며, 삶의 예쁜 동지가 될 것이다. 거룩한 만남이라 눈물난다. 그리고 아름다운 선물에 감사한다.

"줌으로서 행복을 깨닫게 해 준 아이"에게 고맙다.

나를 만지지 마세요
따스한 손길이라 말하지 말아요

내게 가까이 마세요
달콤한 향이라 말하지 말아요

입술을 보이지 말아요
함께 할 수 없음이 서러워요

그대 품에 안길 수 없다면
당신 속에 내가 살 수 없다면

- 「선인장」에서

까칠한 독백 같아 보이지만 내면은 갈구하는 사랑의 목마름이다. 슬픈 운명을 지닌, 함께 할 수 없는 가시 같은 사랑을 지녔다. 하얀 꽃으로만 피워 밤에 향기로 사랑을 전하는 기다림의 꽃이다.

5부 노을 지는 언덕

황혼이 아름다운 건
젊은 날의 추억이 있어서여라

붉은 잎새가 초록을 안 듯
밤이 낮을 살며시 안 듯

세월의 쳇바퀴 돌기를 거듭하는
기우는 달빛의 품에 안길 수밖에

「황혼」에서

고사리손 다 키워내신 거룩한 인생
이제는 내 인생 찾아 떠나갈 차례

어쩌다 천 길 땅속 들어가 헤매다
귀도 잃고 빛도 잃은 서러움

목엔 나이테 칭칭 두르고
가슴엔 주렁주렁 맺힌 멍에

구멍 난 텅 빈 가슴엔
찬 서리만 가득 하구나

– 「세월의 강」에서

젊은 청춘을 지나와보니 아직도 가야할 길 멀기만 한데 어느새 마음은 천길 땅 속 어둠의 터널 속에 헤매이다 놓친 시간들만 가슴에 찬 서리일 듯 가득하다. '아름답던 미소는 어데갔나, 낭랑한 그 목소리 어데갔나, 가엾어라 가엾어라'라는 이제는 자신을 돌보아야만 하는 자기애自己愛의 손이 된다.

뒤뜰 할머니가 심어 놓으신
송이송이 몽우리 진 붉은 꽃 노란 꽃

당신의 영혼 송두리째
쏟아부으셔서 키우신 백일홍

한 여름 불볕더위 이겨가며
고운 빛 품어 내더니

석양빛에 잠드신 숨결
고스란히 느끼게 하는 할머니 꽃이 피었네

―「백일홍」에서

너는 누구세요

하얀 빛 고운 머릿결

모든 기억 지우개로 지우시고

강 건너 흘러가신 님

―「망각의 세월」에서

어린 소녀인 조 작가 가슴에 단아하고 고운 빛으로 품어서 사랑의 손으로 키워주신 외할머니. 그 아름다운 애잔함이 석양빛으로 잠드셨기에 힌 떨기 붉은 꽃으로 납는다.

오랜만에 찾은 밤 동산
어린 시절의 추억이 묻힌 곳

지하의 내 어머니 아버지
환하게 반겨 주시니 눈물겨워라

햇빛은 산허리를 내려 쪼이고
사월의 연둣빛 녹음이 신선할 때

보랏빛 고개 숙인 할미꽃
내 어머니 닮은 할미꽃

―「할미꽃 언덕」에서

조 시인의 선산 공주 계룡산 양지 바른 기슭에 보라색 옷을 입은 제비꽃 옆에 계신 내 어머니 닮은 할미꽃. 사월의 연둣빛 녹음에 어린 시절 추억이 잠자는 곳. 그곳은 햇살과 함께 가족을 반겨주는 아련한 향수의 동산이다.

6부 아픈 청춘

날개를 잃어 날지 못하고 방황할 때
우두커니 하늘만 바라볼 때가 있었네
땅거미 어스름 다가올 때면
고향집 떠올리며 눈물만 흘렸네
곱게 물들었던 단풍도 겨울로 가는 길목으로 떠나고
마지막 잎새를 보면 나를 보는 듯 아팠고

내가 소원하는 건
사랑하는 가족과 함께 하는 것

– 「아픈 청춘」 에서

날개 잃은 이 땅의 젊은이를 위한 아픈 청춘들을 생각하는 마음이다. '고향집 떠올리며 눈물만 흘렸네' '내가 소원하는 건 사랑하는 가족과 함께 하는 일' '마지막 잎새를 보면 나를 보는 듯 아픈' 청춘들의 부모 가슴에 아픈 사랑의 샘물만 고인다.

자유함이 도리질하니
꿈도 사랑도 간데없어라

애증의 자유여
목마른 욕망이여

–「애증의 자유」 에서

관용을 한 움큼 손에 쥐고 다니면 어떨까
용서를 널브러진 그릇에 담아두면 어떨까
나를 죽이고 겸허하게 사랑과 포용을 준다면

저녁이 해를 안 듯 바다가 강물을 안 듯
엄마 품 같은 포용의 크기는
나의 마음을 무엇으로 비교할까

–「용서」 전문

조 시인은 언어에 대한 해석력과 함께 이미지화가 감각적이다. 언어의 환기성으로 감정을 움직이는 환기력이 비유적이다. 관용과 용서를 물질로 표현하며 마음이 의식의 흐름을 놓치지 않는 표현으로 구사하는 힘이 있다.

닻을 내리고 허망하다
해도 구름 속에 숨어 버린 날
아침만을 기다린다

모두 지운 채 또 다른 길을 찾아 나선다

–「길 잃은 바다」에서

「길 잃은 바다」에서는 삶의 비바람 소용돌이 속에 부표도 등대도 길을 잃고 망망 바다에 닻을 내리고 모두 지운 채 또 다른 길을 찾아 나서는 바다는 길의 의미이다.

나락으로 한 없이
추락했던 날들도

부러진 날개를 찾기 위해
아파했던 날들도

어느 날 갑자기 선물같이
찾아 온 희망

누군가 내 문을 두드리는

희망의 노크

눈 뜬 아침을 눈부시게 만들고
오늘은 단비를 만나는 아름다운 날

–「희망」에서

지나간 시간은 기억 저편의 아스라이 고마운 지난날이다. 그런 시간들은 내게 희망을 두드리는 노크 소리로 선물 같이 나른했던 나를 일으켜 세우는 메시지가 되었다. '눈 뜬 아침을 눈부시게 만들고 오늘은 단비를 만나는 아름다운 날이 된다'

언젠가 삶의 날이 나도 모르게 선물 같이 우리에게 다가와 아침에 문이 열리기를 기다린다면 어둠속에서도 빛을 키우고 그 빛 따라 단비 소리 같은 봄의 문門으로 뚜벅뚜벅 걸어 나갈 것이다. 빛의 길을 열어놓는 오늘 하루에도.

2. 낮과 밤이 하나로 통하는 밝은 문의 세계

내 안에 만들어 놓은 어둠의 터널 안에서의 고뇌의 시간은 나를 일깨우는 성찰省察의 시간임을 이제는 감지한다. '고생 많았다. 조성복!'이라 외치며 '사랑한다. 조성복!!'이라 자신에게 다독인다. 이제 그는 낮과 밤이 하나로 통하는 밝은 문의 세계, 스스로의 힘으로 나왔다. 혼자 삼키는 온전한 삶을 위한 면벽 21일이 아니라 300일 아닌, 천일이 넘는 어둠 속 웅녀雄女의 은근과 끈기로, 내안의 자기애自己愛를 향한 투쟁으로 민족의 기상 닮은 씩씩한 힘으로, 말을 타고 뛰는 사랑하는 아버지 닮은 군마軍馬의 기상으로, 이제는 당당하고 멋지게 삶을 노래하리라.

소리 없는 내성으로, 아름다운 악기의 품격으로 손끝으로 조율하는 빛의 각도로 삶을 보석처럼 조각하는 "예술의 투혼가"이다. 적어도 그의 손길을 스치는 원석原石은, 빛의 생명력을 얻고 다시 세상에 태어난다.

그가 만드는 세상의 왕궁 안에서 다시 길을 걷는다.

하얀 매화梅花 가지 위에 아름다운 새의 '황조가黃鳥歌'의 노래를 듣는다. 새와 함께 노래를 읊는다. 잃었던 자신의 '젊은 아픈 청춘'의 지나간 가이없는 모습을 연인처럼 부르며 우리는 행복해하는 왕궁의 황녀皇女의 여인의 모습이 연상된다. 오늘 그 여인의 양 어깨 놓인 삶의 무게는 아름다운 새의 소리로 대신할 것이다.

오늘의 길 위에 붉은 카페트 한 장을 조 시인을 위해 깔아놓는다. 독자와 함께 꿈을 응원하며 하루의 여백을 사랑으로 열고자 소망한다.

『아침을 여는 소리』, 하루의 문門을 열고서

□ 축하의 글

김 원 기
(하이투자증권 이사)

조성복의 시는 마치 나를 대신해 세상을 보는 듯하다.
살면서 생각 없이 스쳐 지나갔던
수많은 순간들을 정지시켜
느낌표나 쉼표 아니면 물음표를
끊임없이 던지고 있다.

세상은 느끼는 만큼 보인다고 하는데
작자의 그 느낌의 향연을 이 시집에 부끄러운 듯
조심스럽게 펼쳐 놓았다.

작가의 시선을 통해
관점의 다양성과 감성의 유연성이
우리의 삶을 더욱 풍성하게 가꾸어 준다는 걸 알려준다.

우리는 얼마나 많은 나날을 느끼지 않고
생각조차도 귀찮아
많은 사람들 속에서 숨어 살아왔던가?

그가 틈틈이 보아온 세상에
공감과 탄성을 보내며

동시대를 살아가는 사람으로서
위로와 편안함을 느끼게 해주는
첫 시집이 가지를 뻗기 위한 조그만
꽃망울이기를 기원한다.

□ 축하의 글

이 기 승
(일도 코퍼레이션 대표)

조성복은 참으로 다정다감하고,
감수성이 풍부한 사람이다.
항상 열린 마음으로
주변의 사람들을 즐겁게 해주고 챙겨준다.

헌데, 이렇게 좋은 시들을
시집으로 묶어내니 참으로 감개무량하다.

세상을 살아오면서, 느낀 바들을 언어로 묶어서
귀한 시집으로 펴냄을 진심으로 축하한다.

앞으로도 좋은 시들을 계속 쓸 수 있기를 기원한다.
초등학교 친구로서

□ 축하의 글

신 재 준
(그라코 머시너리 대표)

사랑의 미학 중 "촛불"을 보며
사물을 보는 시각이 뛰어나며
가치를 소중히 여길 줄 알고 부여해 주고

아가페 사랑처럼
묵묵히 살아온 그녀의 삶처럼
꾸준한 작품 활동을 통하여
따스함을 뿌리는 삶이길 기원하며...

첫 출간을 마음을 모아 축하드립니다.

조성복 시집
아침을 여는 소리

2018년 5월 10일 인쇄
2018년 5월 10일 발행

지은이 조 성 복
펴낸이 신 용 호
펴낸곳 창조문학사

서울 서대문구 홍은동 397-26 동천아카데미 5층
등록번호 제1-263호
전화 374-9011, Fax 374-5217
공급처 한국출판협동조합 전화 716-5616~9

저자와 협의에 의해 인지를 생략합니다.
파본은 바꾸어 드립니다.
값 14,000원
ISBN 978-89-7734-488-4